AF498348

NOTICE

1836

SUR

ROBESPIERRE

PAR

M. P.-A. VIEILLARD.

AVIS DES ÉDITEURS.

L'*Encyclopédie des Gens du Monde*, publiée par la Librairie Treuttel et Würtz, à Paris, rue de Lille, n° 17, formera 22 tomes grand in-8°, divisés chacun en deux vol. de 400 pages. Les 40 premiers volumes sont en vente; les 4 derniers paraîtront dans le cours de l'année. Parmi les 300 collaborateurs associés à cette grande publication, l'on se borne à citer les suivants : MM. Andral, Artaud, Balbi, Berville, le baron de Berzélius, de Candolle, Capefigue, Champollion, Cuvier, Daunou, Depping, Dumas (Mathieu), Dumont-d'Urville, Dupin aîné, le baron d'Eckstein, Esquirol, de Féletz, Fétis, le marquis de Fortia, Ganilh, le baron de Gerando, de Golbéry, Guigniaut, Guillon (l'évêque), Hase, Hennequin, Hittorff, Jules Janin, Jomard, Jouffroy, de Jouy, Klaproth, de Labouderie (l'abbé), Leclerc (Victor), Matter, Michelet, Morawski (Théodore), Naudet, Orfila, Péligot, de Pongerville, Constant Prévost, Ratier, Reicha, Rossi, Royer-Collard, le vicomte de Santarem, Schlosser (à Heidelberg), Schnitzler, de Sismondi, Tissot, Tommaseo, Vieillard, le comte Henri de Viel-Castel, Villemain, Villenave, le baron Walckenaër, etc., etc.

Cet ouvrage est destiné à mettre la science à la portée d'un plus grand nombre de personnes et à fournir à la vie sociale les renseignements et les matériaux dont elle a besoin. Il se distingue de tous les autres du même genre par l'universalité de son caractère autant que de son contenu. Car non-seulement il embrasse tout ce qu'il est généralement utile de savoir, non-seulement il abrége la science tout entière, il s'élève aussi dans l'appréciation des hommes et des choses au-dessus d'une étroite nationalité; il ne se renferme pas exclusivement dans tel système religieux, politique, philosophique, au préjudice de tous les autres : il fait comprendre que des situations diverses peuvent être bonnes en elles-mêmes, quelque différentes qu'elles soient de celles où nous nous trouvons; enfin il s'enrichit en France des travaux de l'étranger comme de ceux des savants français, et il emprunte à toutes les langues les matériaux de toute nature que réclame l'inépuisable variété de ses articles.

Chacun de ces derniers étant signé du nom de son auteur, ils présentent ainsi une garantie individuelle, en outre de la responsabilité que les éditeurs ont prise sur eux. On pourrait en citer un très grand nombre, dans les volumes déjà publiés, qui méritent encore d'être consultés après les ouvrages spéciaux sur la matière dont ils traitent. Tous se rattachent d'ailleurs au même plan, et des principes uniformes leur servent de base.

C'est avec confiance que les éditeurs de l'*Encyclopédie des Gens du Monde* soumettent leur ouvrage à l'appréciation des juges compétents; ils ne redoutent aucune comparaison, et ils osent croire qu'un examen attentif justifierait à tous égards la faveur avec laquelle le public a accueilli cette vaste entreprise, ainsi que les éloges que lui ont déjà décernés les journaux de tous les pays.

IMPRIMERIE DE E. DUVERGER,
Rue de Verneuil, n. 4.

ROBESPIERRE (François - Jo-seph-Maximilien-Isidore), avocat au conseil souverain d'Artois, membre de l'Assemblée constituante et de la Convention nationale, naquit à Arras, en 1759. Cet homme, affreusement célèbre, et qui, dans son existence politique, devait offrir la personnification complète du système révolutionnaire qui, pendant deux ans, pesa sur la France, était d'origine étrangère. On prétend que ses ancêtres paternels, Irlandais catholiques, vinrent s'établir en France après le renversement du trône des Stuarts. Cette famille jouissait de la noblesse; elle avait des armoiries; et jusqu'au décret qui abolit les titres nobiliaires, Robespierre mit toujours en avant de son nom la particule *de*. Son aïeul et son père avaient exercé la profession d'avocat. Le dernier, ayant, malgré ses parents, épousé Joséphine Carreau, fille d'un brasseur, dérangea sa fortune, fut obligé de s'expatrier, et mourut, selon les uns, aux États-Unis, selon d'autres, à Munich, où il s'était retiré après avoir perdu sa femme. Ils laissèrent quatre enfants, dont Maximilien était l'aîné; une des deux filles mourut bientôt après; les autres, orphelins sans fortune, furent recueillis par leur grand-père paternel. Sur la recommandation de l'évêque d'Arras, Maximilien obtint une bourse au collège de Louis-le-Grand, à Paris. La surveillance de son éducation fut confiée à un de ses oncles, chanoine à Notre-Dame. L'abbé Proyart, principal du collège, devint aussi son protecteur; et les rapides progrès qu'il fit dans ses études, les succès qu'il obtint aux concours universitaires, parurent justifier les soins bienveillants dont ses supérieurs entourèrent sa jeunesse. Ses idées d'indépendance ne tardèrent pas à se manifester au collège :

l'abbé Hérivaux, l'un de ses professeurs, l'avait dès lors surnommé *le Romain*. A Louis-le-Grand, il eut pour condisciple Camille Desmoulins (*voy.*); et la conformité d'inclinations établit entre eux une étroite liaison qui devait se dénouer à l'échafaud. Chargé des palmes des concours à sa sortie du collège, Robespierre obtint pour son jeune frère la jouissance de la bourse dont la nomination appartenait au cardinal de Rohan, comme abbé titulaire de Saint-Vast d'Arras. Ainsi, ce fut aux bienfaits du clergé que les deux Robespierre durent leur éducation. Après avoir terminé ses études de droit, Maximilien revint dans sa ville natale, où il entra au barreau. En 1784, une cause plaidée avec succès contre les échevins de Saint-Omer, qui, par ignorance, s'étaient opposés à l'introduction des paratonnerres dans leur ville, commença la réputation du jeune avocat. Un triomphe d'un autre genre l'attendait la même année : l'Académie de Metz lui décerna le prix réservé au meilleur mémoire sur l'origine du préjugé qui faisait rejaillir sur toute une famille l'infamie attachée au crime commis par l'un de ses membres. Sur le rapport de Rœderer (*voy.*), le prix fut partagé entre Lacretelle aîné et de Robespierre. Il est à remarquer que, dans son mémoire, celui-ci avait fait l'éloge le plus sentimental des vertus philanthropiques de Louis XVI. Bientôt après, il remporta une autre couronne à Amiens pour l'éloge de Gresset; et ce double succès littéraire lui valut la présidence de l'Académie d'Arras.

Vers la même époque, l'évêque de cette ville l'ayant nommé chef de sa haute justice, Robespierre se vit obligé de prononcer contre un individu la peine capitale; mais quoiqu'il n'eût fait qu'appliquer la loi, le regret d'avoir envoyé un homme à la mort l'engagea, dit-on, à se démettre de sa charge. Ce fait, de la réalité duquel nous ne pouvons répondre, n'assimilerait-il pas déjà le futur dictateur au jeune Néron, qui, pressé de signer un arrêt de mort, eût voulu *ne savoir pas écrire?* Au même temps se rapportent aussi quelques essais de Maximilien dans le genre de la poésie légère, mais qui n'étaient dépourvus ni de grâce ni de sentiment. On en pourra juger par ce madrigal adressé à une jolie femme :

> Crois-moi, jeune et belle Ophélie,
> Quoi qu'en dise le monde, et malgré ton miroir,
> Contente d'être belle et de n'en rien savoir,
> Garde toujours ta modestie.
> Sur le pouvoir de tes appas
> Demeure toujours alarmée.
> Tu n'en seras que mieux aimée
> Si tu crains de ne l'être pas.

De ces frivoles jeux d'esprit, mêlés aux exercices sérieux du barreau, Robespierre passa bientôt aux émotions et aux luttes qui l'attendaient sur la scène orageuse de la politique. Les États-Généraux (*voy.*) allaient être convoqués; et, sous le prétexte du bien public, toutes les jeunes ambitions se mettaient en campagne. Avide de se faire un nom, à quelque prix que ce fût, à des talents de second ordre joignant une perspicacité peu commune et une vanité démesurée, Robespierre mit en jeu tous les ressorts de l'amour-propre et de l'intrigue pour se faire élire député. Il y parvint, malgré l'opposition de plusieurs chefs de l'ordre judiciaire de la province, que la hauteur de ses prétentions avait indisposés contre lui. D'abord inaperçu aux États-Généraux, il y porta le désir passionné de voir les institutions réformées en France, d'après les doctrines du *Contrat social,* de J.-J. Rousseau. Ce livre était son évangile politique, comme la *Profession de foi du vicaire Savoyard* était son code religieux; et il en avait pris l'auteur pour guide et pour modèle. Necker étant alors en France le représentant des idées du philosophe genevois, Robespierre chercha d'abord à s'approcher de ce ministre. Nous induisons l'existence de cette disposition du passage suivant, emprunté aux Mémoires du comte de Montlosier t. Ier, p. 187) : « Immédiatement après dîner, j'aperçus un homme maigre, à figure chafouine, qui s'approcha de Mme Necker, sollicitant une place d'économe dans un des hôpitaux qu'elle dirigeait. J'appris que le solliciteur était un membre du tiers, député d'Arras, appelé Robespierre. Cette figure me parut singulière; je la regardai beaucoup, etc. * » Robespierre ne réussit pas en cette occasion, où il est probable qu'il trouva en son chemin l'opposition de Necker. La rancune qu'il avait conservée de cet échec parut à découvert dans un discours prononcé par lui peu de jours avant sa chute. Il disait aux Jacobins, le 13 messidor an II: «Necker fut un véritable tyran dans sa famille; n'en soyez pas surpris : quiconque manque de vertus publiques ne saurait avoir les vertus privées. »

Ce fut d'abord dans les cafés et les foyers de théâtre que Robespierre manifesta, par les plus violentes déclamations, sa haine contre l'établissement monarchique. A l'assemblée des États, il sortit pour la première fois de la foule à la fameuse séance du 17 juin 1789, où le tiers, poussé à bout par la résistance des deux ordres privilégiés, se constitua en Assemblée nationale. Robespierre fut l'un des plus ardents à provoquer cette généreuse déclaration; mais bientôt la dépassant, il fut réduit à chercher ses succès en dehors des voies parlementaires et auprès des journaux, qui déjà professaient ouvertement les doctrines de la démocratie. De l'officine où se fabriquaient ces feuilles et du Palais-Royal, lieu de rendez-vous des publicistes de l'anarchie, sortit pour lui cette popularité qui devait s'élever si haut pour le malheur de la France, et

(*) De ce portrait de Robespierre, par Montlosier (*voy.*), il nous paraît piquant de rapprocher celui que, dans la même circonstance, Mme de Staël a tracé du même homme : « J'ai causé une fois avec lui chez mon père, en 1789, lorsqu'on ne le connaissait que comme un avocat de l'Artois, très exagéré dans ses principes démocratiques. Ses traits étaient ignobles, son teint pâle; ses veines d'une couleur verte; il soutenait les thèses les plus absurdes avec un sang-froid qui avait l'air de la conviction. Je croirais assez que, dans les commencements de la révolution, il avait adopté de bonne foi, sur l'égalité des fortunes aussi bien que sur celle des rangs, de certaines idées attrapées dans ses lectures et dont son caractère envieux et méchant s'armait avec plaisir, etc. » (*Considérations sur la révolution française,* t. II, 3e partie, chap. 19).

dont une des premières faveurs à son égard fut le surnom d'*incorruptible* (*voy.* PÉTHION). Le cachet de probité et de désintéressement que, dès son entrée dans les affaires, il sut imprimer à sa conduite, le mit à part de la foule des novateurs qui, par la popularité, couraient à la curée des places et de la richesse ; et ce fut sans doute là son plus grand moyen de succès.

Mirabeau avait dit de cet homme, non moins extraordinaire peut-être que lui-même : « Il ira loin ; car il croit tout ce qu'il dit. » Malgré l'autorité du nom de Mirabeau (*voy.*), nous ne croyons guère plus à la bonne foi de Robespierre qu'à sa philanthropie. A son tour, celui-ci prétendit un jour expliquer sa conduite, en disant : *En révolution, on ne va jamais aussi loin que lorsqu'on ne sait pas où l'on va.* Nous croyons au contraire que, dès le début, guidé par une ambition et une vanité sans bornes, Robespierre voulut aller aussi loin et s'élever aussi haut que ses forces lui permettraient d'atteindre. Lorsque les événements du 14 juillet (*voy.* BASTILLE) eurent fait du principe de l'insurrection le mobile du mouvement social qui emportait la France vers de nouvelles destinées, Robespierre jugea sur-le-champ que l'avenir devait être la conquête des hommes qui feraient route avec le plus de persévérance et d'audace sur ces terres inconnues ; et, bien loin de partager l'erreur de ceux qui croyaient pouvoir opérer un mouvement rétrograde, ou la confiance de ceux qui se flattaient d'en arrêter le progrès au point marqué par leur amour du bien public ou par les calculs de leur intérêt, il mit tous ses soins à en accélérer l'essor, afin de le faire monter le plus vite possible à son apogée. Il sentit que, pour y réussir, les moyens les plus violents étaient les plus efficaces : aussi, son influence primitive fut-elle tout extra-parlementaire ; et, tandis que les grands orateurs de l'Assemblée constituante (*voy.*), appelant le prestige de l'éloquence au secours de la logique, cherchaient à emporter de sages décrets, dans le but d'arriver bientôt à la stabilité constitutionnelle, Robespierre, s'adressant sans cesse aux passions populaires dans un langage digne d'elles, faisait avancer la révolution à coups d'émeutes et d'entreprises subversives de tout ordre.

Il s'en faut, cependant, que son action ait été nulle dans l'assemblée. S'il n'y acquit jamais de considération, s'il n'y exerça qu'une rare influence, plus d'une fois il parvint à jeter le trouble dans ses délibérations ; il réussit surtout à s'y faire une place à part, moyen infaillible de se donner de l'importance ; or c'était là ce qu'il cherchait avant tout. Dès le 14 juillet, on le vit mettre en avant les propositions les plus exagérées, et demander l'arrestation immédiate de tous les gens suspects. Le 27, il osa provoquer la violation du secret des lettres, en même temps qu'il réclamait la liberté illimitée de la presse. Bientôt après, il s'éleva avec force contre le projet qui attachait à l'exercice du droit électoral une condition pécuniaire, et il demanda le suffrage universel, exempt de toute restriction. Lorsque la nécessité de réprimer enfin les attentats qui bouleversaient tout en France eut décidé l'adoption de la loi martiale, Robespierre, s'y opposant avec force, demanda au contraire l'établissement d'un tribunal dont les membres, choisis au sein de l'assemblée, devraient poursuivre d'office et juger les auteurs de tous les complots dirigés contre la liberté. Ne découvre-t-on pas, sous le voile de cette proposition, l'idée-mère qui, trois ans plus tard, présida au jugement de Louis XVI, par la Convention ? Au mois de mai 1790, le fougueux tribun se fit l'apologiste des brigands qui dans les provinces incendiaient les châteaux, et il ne rougit pas de soutenir que les ci-devant nobles, victimes de ces désordres, en étaient eux-mêmes les provocateurs. Le 28 juillet suivant, Robespierre étonna l'Assemblée et dut s'étonner de lui-même, en se joignant à Cazalès (*voy.*) pour repousser une proposition de Mirabeau tendant à faire déclarer le prince de Condé traître à la patrie. Dans une autre occasion, on le vit aussi prendre parti contre la gauche, en faveur du comte de Lautrec, député, dont le royalisme allait jusqu'à l'exaltation. Enfin, lors des débats de la constitution civile du clergé, il proposa une augmenlation de traitement pour les vieux ecclésiastiques, et pendant toute la durée de l'Assemblée constituante, il montra un zèle soutenu pour les intérêts du bas clergé.

En revanche, à l'époque des troubles de Nancy, on vit Robespierre s'élever avec force contre la conduite du général Bouillé (*voy.*), et réclamer le châtiment du chef audacieux qui avait réprimé l'insubordination de ses soldats. Partisan zélé de la réforme du code criminel, il demanda que tous les citoyens fussent déclarés aptes à exercer les fonctions de juré, et que l'unanimité des voix fût la condition indispensable de toute condamnation. Il proposait en même temps d'abolir la peine de mort, et d'effacer du code des Français « des lois de sang qui tendaient à altérer le caractère national, à entretenir des préjugés féroces. » De nouvelles mesures répressives contre les tentatives continuelles d'insurrection étant proposées, il les combattit en ces termes : « Tout individu, toute section du peuple étant membre du souverain, attaquer ces individus, ces sections, c'est attaquer le souverain lui-même. » Le 5 avril 1791, il parvint à emporter, contre Mirabeau, l'adoption d'un décret qui interdisait les fonctions de ministre à tout membre de l'assemblée. Le 29 du même mois, impatient de faire passer le pouvoir aux mains des prolétaires, il proposa avec véhémence d'admettre tout Français au service de la garde nationale, et de faire solder par l'état tous ceux qui ne pourraient s'armer et s'équiper à leurs frais. La violence qu'il apporta dans cette discussion fut telle, que l'Assemblée indignée obligea le président à lui retirer la parole. Alors, on l'entendit s'écrier : « Toute demande qui tend à étouffer ma voix est destructive de la liberté ! » Robespierre ayant aussi réclamé l'exercice illimité du droit de pétition et d'affiches, les murs de Paris se couvrirent soudain des placards les plus incendiaires, et chaque jour les autorités constituées se virent assaillies par des réclamations appuyées de rassemblements séditieux. Enfin, dans une des discussions auxquelles donna lieu le régime colonial, il soutint la demande de l'affranchissement immédiat des noirs, de ce cri de proscription en masse contre les blancs : *Périssent les colonies plutôt qu'un principe!*

Cependant, dans les occasions décisives, le courage faisait souvent défaut à la violence de Robespierre. Il ressentit de vives inquiétudes, après la fuite de Louis XVI, au 20 juin 1791, et l'issue incertaine de ce grand événement lui fit craindre de s'être trop avancé[*]. Mais le dénouement de Varennes lui rendit la tranquillité, et il demanda des couronnes civiques pour ceux qui avaient arrêté la famille royale. Le 23 juin, il soutint, à la tribune, que le roi et la reine devaient être soumis aux formes de la justice ordinaire, la reine n'étant qu'*une simple citoyenne*, et le roi qu'*un fonctionnaire public responsable envers la nation.* Il attaqua en même temps, avec emportement, le principe de l'inviolabilité royale, consacré par la constitution, s'écria que Louis XVI était *un traître* et *un tyran*, demanda le décret d'accusation contre *Monsieur* qui avait franchi la frontière, et s'efforça de faire établir en principe qu'un citoyen pouvait être mis en jugement sans preuves et sur de simples indices. Repoussées avec dégoût et indignation par l'Assemblée, ces propositions furibondes furent accueillies avec enthousiasme par la foule qui encombrait les tribunes et les abords de la salle.

On sait qu'après une captivité de plus de deux mois, Louis XVI (*voy.*), en acceptant la constitution de 1791, recouvra une liberté apparente et même une ombre d'autorité. Éclairés par la discussion, et plus encore par les effrayants progrès de l'esprit révolutionnaire, sur les nombreuses défectuosités de ce pacte inexécutable, ses auteurs les plus sages avaient essayé d'y introduire quelques modifications, dans le but de garantir l'indépendance du pouvoir exécutif. « On doit être content, s'écrie Robespierre, après cette imparfaite révision, de tous

(*) Lorsqu'après la fuite du roi, au mois de juin 1791, on commença à agiter dans les conciliabules jacobins la question de la république, dans une de ces réunions où Brissot et Péthion mettaient en avant ce parti, Robespierre leur demanda sur le ton de l'ironie : « *Qu'est-ce que c'est qu'une république ?* » (Mémoires du général La Fayette, t. IV).

les changements qu'on a obtenus de nous; que du moins on nous assure la possession des débris de nos premiers décrets ! Si on peut encore attaquer notre constitution, après qu'elle a déjà été altérée deux fois, que nous reste-t-il à faire? reprendre nos fers ou nos armes ! » La désignation personnelle des auteurs de cette révision, Barnave, Le Chapelier, Adrien Duport, Thouret, Malouet, Tronchet, désignation accompagnée d'invectives et de menaces, fit voir que déjà Robespierre s'était investi du rôle de proscripteur. Le 13 septembre, Louis XVI vint, au sein de l'Assemblée, prêter serment de fidélité à la constitution. Tandis que les députés en masse saluaient le monarque des plus vives acclamations, et quittaient leurs places pour le reconduire dans son palais, les spectateurs des tribunes et la multitude qui attendait au dehors, faisaient irruption dans la salle des séances, s'emparaient de Robespierre et de Péthion, les couronnaient de feuilles de chêne et s'attelaient à leur voiture pour les traîner en triomphe, en s'écriant : « Voilà les amis du peuple! voilà les défenseurs de la liberté! »

Au terme des décrets de l'Assemblée constituante, aucun de ses membres ne pouvait faire partie de l'Assemblée législative (*voy.*), appelée à la remplacer. Robespierre avait été l'un des plus ardents provocateurs de cette mesure qui devait tout compromettre, et qui bientôt perdit tout. Notons que ce fut le résultat d'une coalition de la droite avec l'extrême gauche, et le premier exemple de ces accouplements monstrueux qui n'ont jamais produit que des effets déplorables. Déjà, depuis plusieurs mois, titulaire de la place d'accusateur public près le tribunal criminel de Paris, Robespierre entra en fonctions après la clôture de l'Assemblée. Son passage dans cette carrière, stérile pour son ambition, n'a pour ainsi dire pas laissé de traces, et ce ne fut pour lui qu'une sorte d'interrègne. Aussi, dès le mois d'avril 1792, se démit-il de cette charge subalterne. La tribune parlementaire lui étant fermée, ce fut à celle des Jacobins (*voy.*) qu'il alla chercher de nouveaux succès et une influence renouvelée. Cette influence appartenait, dans l'Assemblée législative, au parti dont Brissot était le chef ostensible, et les grands orateurs Vergniaud et Guadet (*voy.*) les puissants organes. Robespierre sentit sur-le-champ que, pour ne pas voir sa popularité débordée par celle de ces éloquents révolutionnaires, le meilleur parti pour lui était de se poser comme leur adversaire politique. La question de la guerre avec l'empereur d'Allemagne fut le terrain sur lequel il appela d'abord le débat entre lui et les girondins (*voy.* ce nom). Ceux-ci voulant la guerre, il se déclara pour la paix. Nous avons dit au dernier art. cité de quels prétextes ou de quels intérêts il couvrit son opposition. Brissot et ses amis tendaient évidemment à l'abolition du système monarchique. Se faisant un bouclier de l'austérité de ses principes et de l'inviolabilité de ses serments, Robespierre publia une feuille ayant pour titre *le Défenseur de la constitution*, dont il parut 12 nᵒˢ, du mois d'avril au mois d'août 1792. Au 20 juin, il observa la plus stricte neutralité entre la cour et la populace; au 10 août (*voy.*), il ne prit aucune part à l'action; mais à peine fut-elle décidée contre la royauté, que Robespierre courut à la Commune (*voy.*) et s'y empara de la haute direction des affaires. Orateur de cette autorité illégale et usurpatrice, il vint, au nom du peuple, sommer l'Assemblée législative de dissoudre l'administration du département de Paris, entachée de royalisme, et de livrer à un tribunal extraordinaire les complices de Louis XVI, et tous ceux qui, au 10 août, avaient combattu pour la tyrannie. Nommé président de ce tribunal, établi par décret du 17, il se récusa, comme en ayant lui-même provoqué la formation. Aucun indice ne décèle sa participation aux massacres qui souillèrent les premières journées de septembre: on ne peut croire pourtant qu'il s'y soit opposé, ni qu'il les ait hautement improuvés, puisque les élections à la Convention nationale (*voy.*) se firent à Paris sous ces sanglants auspices, et que le nom de Robespierre fut le premier qui sortit de l'urne électorale.

A l'ouverture de cette assemblée, qu'il devait opprimer jusqu'à la mort, Robespierre n'y jouit pas, à beaucoup près, d'un crédit égal à celui des députés girondins. Les honneurs de la présidence échurent d'abord à Péthion, son concurrent en popularité, et qui, à dater de ce jour, trouva en lui un adversaire implacable. Faut-il attribuer au dépit que Robespierre ressentit de cette préférence, sa morne impassibilité, au milieu du mouvement d'enthousiasme irréfléchi qui, dès la première séance conventionnelle, entraîna la proclamation de la république? A côté de cette déclaration, Marat (*voy.*) plaça bientôt, dans sa feuille incendiaire, la demande d'une dictature momentanée. Les amis de Robespierre tâtèrent l'opinion en le désignant, sous main, comme le seul homme que sa vertu éprouvée permît d'élever sans péril à cette dignité; quoique mystérieuse, cette révélation amena les premiers troubles qui, dès le 24 sept., éclatèrent au sein de la Convention, et d'où sortit, un mois plus tard, la fameuse accusation formulée par Louvet (*voy.*) contre Robespierre. Les longs développements de cette véhémente catilinaire se trouvaient résumés en ces dernières paroles : « Robespierre, je t'accuse d'avoir, autant qu'il était en toi, méconnu, avili, persécuté les représentants de la nation, et fait méconnaître et avilir leur autorité. Je t'accuse de t'être continuellement produit comme un objet d'idolâtrie, d'avoir souffert que, devant toi, on te désignât comme le seul homme vertueux en France qui pût sauver le peuple, et de l'avoir fait entendre toi-même; je t'accuse enfin d'avoir évidemment marché au suprême pouvoir. » Nous avons montré autre part (T. XII, p. 491) par quelle savante tactique Robespierre sut faire tourner à son avantage cette attaque prématurée, et combien sa popularité et son crédit sur l'assemblée s'accrurent par cette épreuve, où il avait paru devoir succomber. Il trouva bientôt un moyen d'y ajouter encore.

Le 30 novembre, des pétitionnaires entendus à la barre ayant réclamé avec force contre la rareté et la cherté des subsistances, Robespierre déclara que la détresse publique devait être attribuée aux machinations de l'aristocratie, dont la cause était au Temple ; il demanda donc que *Louis Capet* fût jugé sur-le-champ,

que *sa femme* fût traduite au tribunal criminel, et que leur fils restât enfermé jusqu'à la paix. Il s'écria qu'il ne s'agissait pas d'un acte juridique, mais d'une mesure de salut public, d'un acte *de providence nationale*; que Louis XVI n'était point *un accusé*, mais *un roi détrôné*; que les membres de la Convention n'étaient point des juges, mais des hommes d'état; et il termina enfin cette harangue, dont chaque mot était un coup de poignard, par ce cri régicide : « Il faut que Louis meure, parce qu'il faut que la patrie vive ! » Le procès fut aussitôt entamé; Robespierre en régla la marche, en détermina l'issue. Son vote sur la question capitale ne fut que le corollaire sentencieux et implacable de sa première argumentation. Enfin, il affecta de reproduire en tout le rôle de Brutus sacrifiant César à la liberté de Rome.

Dans la séance même du fatal 21 janvier, on entendit Robespierre reproduire avec une fausse chaleur le vœu de l'abolition de la peine de mort. A cette époque eut lieu une tentative de fusion entre les divers partis qui divisaient l'assemblée; leurs chefs entrèrent ensemble au Comité *de défense générale*, précurseur du Comité de salut public, et l'on y vit figurer à la fois Robespierre et Brissot, Danton et Vergniaud ; mais de ce contact passager sortit bientôt l'antagonisme le plus haineux. Une rupture définitive, préparée par l'échauffourée du 10 mars, éclata à la fin du même mois, et, le 28, Robespierre déclara à la tribune qu'il ne pouvait plus siéger dans une commission où régnait l'esprit le plus contre-révolutionnaire. La défaite, et ensuite la défection de Dumouriez servit de prétexte à cette déclaration, qui compromettait à la fois et les chefs de la Gironde, adversaires politiques de Robespierre, et Danton son rival. Dès lors, la Convention fut divisée en deux camps ennemis, la Montagne conspira ouvertement contre la droite, et des hostilités croissantes chaque jour furent, pendant deux mois, les préludes de la catastrophe du 31 mai (*voy.* T. XII, p. 495). Nous nous abstiendrons de tout détail sur la chute des autres factions qui tombèrent successivement sous les coups de Robespierre, et dont la défaite livra au Comité de salut public (*voy.*) un pouvoir dont cet homme fut le chef réel, jusqu'à ce qu'il voulût en être le chef titulaire (*voy.* DANTON, HÉBERTISTES, JACOBINS); nous nous bornerons à exposer rapidement, d'après les meilleurs documents historiques, la marche que suivit Robespierre dans le but d'arriver à des résultats si prodigieux. Pour une foule de gens, « Robespierre n'est pas encore jugé. » Sans prétendre expliquer sa conduite, nous croyons pouvoir essayer de faire comprendre son caractère.

Robespierre eut des opinions plutôt que des principes, et des penchants plutôt que des convictions. Le sentiment de personnalité vaniteuse et jalouse, qui fut le trait essentiel de son caractère, devint le mobile de toute sa conduite. La première ambition du despote naissant fut celle des succès de tribune ; cette ambition se changea en haine furieuse contre ceux qui l'écrasaient de la supériorité de leurs talents, et parce qu'il ne pouvait les égaler, il se laissa entraîner à les proscrire. « Il eût composé avec ceux qui n'auraient manqué que de patriotisme, jamais avec ceux qui auraient manqué de respect à son talent. Content d'avoir cru faire renaître chez les Français l'éloquence athénienne, d'être devenu le rival de Démosthène et d'Eschine, peut-être ne fût-il pas devenu celui de Marius et de Sylla. Il se fit tyran par impuissance d'être autre chose*.» Quand, après sa victoire au 31 mai, et l'opposition insurrectionnelle qui se développa dans presque toute la France contre les résultats de cette journée, la tyrannie devint pour Robespierre une sorte de nécessité et une condition impérieuse d'existence personnelle, son grand art fut de lier la conservation de cette existence et le succès de ses desseins ambitieux au triomphe de la cause révolutionnaire. On ne saurait méconnaître que, dans l'accomplissement de cette tâche, il ait fait preuve d'une habileté peu commune; sans doute ses moyens furent odieux, puisqu'il ne crut pas acheter trop cher le succès en le

payant par le crime : Dieu nous garde de justifier la mémoire d'un pareil homme! selon nous, cependant, il ne serait pas moins injuste de prétendre que chez lui la soif du sang fût un penchant instinctif, comme chez ces tigres à face humaine appelés Carrier, Joseph Lebon, Maignet, Collot-d'Herbois et Billaud-Varennes (*voy.*). Son crime, à lui aussi, ce fut de ne voir dans les hommes que des chiffres, et de les sacrifier sans pitié aux calculs de sa politique. Or, si l'on recherche avec attention, à travers le fracas des troubles civils et parlementaires, les développements de cette politique, on demeurera convaincu qu'elle tendit constamment à la réorganisation de l'ordre social par le rétablissement du principe de l'unité dans le pouvoir ; Robespierre aspirait, pour lui ou pour un autre, au gouvernement d'un seul. *Il faut une volonté une*, écrivait-il dans une note trouvée chez lui après sa mort*. Il marcha avec persévérance vers ce but, depuis la chute des girondins qui lui eussent toujours fait obstacle. Pour les perdre, il prétendit que leur présence dans l'assemblée y entretenait des divisions qui ne permettraient jamais l'achèvement de la constitution républicaine promise à la France. Cette constitution fut en effet *bâclée* en un instant après leur départ; mais à peine eut-elle été décrétée par la Convention asservie, et acceptée par des simulacres d'assemblées primaires, que Robespierre fit couvrir d'un voile sacré et replacer dans l'arche ces tables d'une loi dérisoire à force d'absurdité, et que, par l'organisation du gouvernement révolutionnaire, il mit à l'ordre du jour *la force* en même temps que *la terreur*.

Ce fut dans les derniers jours de l'année 1793 que ce redoutable principe fut proclamé par lui à la tribune. A cette époque, toutes les révoltes de l'intérieur avaient été comprimées par la violence; mais deux factions embarrassaient encore à Paris la marche du pouvoir : au 31 mai. Robespierre s'était servi de la Commune pour décimer la Convention; huit mois après, il chercha dans la société des Jacobins son point d'appui contre cette

---

(*) *Rapport de Courtois à la Convention nationale*, au nom de la commission chargée de l'examen des papiers trouvés chez Robespierre.

(*) Même rapport. — Pièces justificatives n° 44.

même Commune, qui prétendait rivaliser de puissance avec le Comité de salut public. Ses chefs avaient érigé l'athéisme en dogme, et associé, par une surprise, la Convention à cette consécration impie. Bien loin d'y prendre part, Robespierre l'accueillit d'abord avec dégoût, et il ne tarda pas à en manifester une profonde horreur (*voy.* T. XV, p. 211). A l'athéisme, à l'immoralité prêchés par Anacharsis Clootz, Hébert et Chaumette, Robespierre opposa, théoriquement du moins, la vertu, la justice et la probité ; il flétrit du nom d'*enragés* et d'*ultrà-révolutionnaires* les chefs de la Commune et du club des Cordeliers ; il poursuivit en même temps, sous le nom d'*indulgents* et de *corrompus*, Danton et ses amis ; et, pour venir à bout de ces deux partis rivaux, il eut l'art de faire attaquer l'un par l'autre. Ayant déblayé le terrain sur lequel il voulait asseoir son trône dictatorial, il alla attaquer au sein de la société des Jacobins le faible reste des influences municipales, et il parvint enfin à détruire, dans ce foyer permanent d'insurrections, jusqu'au principe insurrectionnel. Sous le titre de maire et d'agent national de la Commune de Paris, Fleuriot-Lescot et Payan ne furent en effet que des commis de salut public ; Robespierre, âme du comité omnipotent, était ainsi, de fait, le suprême directeur du gouvernement révolutionnaire, c'est-à-dire le maître de la France... Louvet avait donc eu raison.

Cependant, une si haute situation était essentiellement précaire, jusqu'à ce qu'elle fût légalement reconnue par le peuple français, consacrée par l'adhésion explicite de la Convention, et surtout des membres du comité qui partageaient nominalement le pouvoir avec le dictateur. Ce fut à ce dernier pas, le plus difficile à faire, que le pied lui manqua. Avant d'arriver à ce dénouement si imprévu et si miraculeux, arrêtons-nous un moment pour considérer la nature des moyens, agents de l'élévation de Robespierre, et causes de sa chute.

A l'époque de ses débuts, orateur du troisième ordre, tout au plus, sa parole resta toujours bien au-dessous de celle de Mirabeau, Barnave, Maury, Cazalès, Du-

port, Vergniaud, Guadet et même Danton : sa manière était à la fois lourde et prétentieuse. Embarrassé et vague dans ses exordes, il était faux et diffus dans ses développements ; il mettait les déclamations à la place des mouvements oratoires, et remplaçait l'enthousiasme par l'exagération ; enfin, il était prodigue de ces lieux communs à l'usage du mauvais goût et des instincts révolutionnaires ; mais ce dernier vice devenait pour lui un puissant moyen d'action auprès des masses populaires, des tribunes, des clubs et des députés qui partageaient ses opinions. Quant à ses adversaires politiques, s'il réussit à vaincre si souvent sur le terrain de la discussion ceux qui lui étaient le plus supérieurs par leurs moyens oratoires, c'est qu'il ne les attaquait jamais que vers la fin d'une séance, lorsqu'ils étaient épuisés par les efforts de leur éloquence, et que la fatigue de l'assemblée ne laissait presque plus de place à son attention. C'était à ce moment que, par quelques mots impérieux, Robespierre savait ramener à lui cette attention et faire prendre au débat une face toute nouvelle. S'attachant alors au seul point de la question où ses adversaires s'étaient montrés vulnérables, il les harcelait par les traits les plus incisifs, les accablait quelquefois sous une série d'arguments sans réplique, et ne les abandonnait que lorsque l'heure de la clôture et les dispositions finales de l'auditoire lui avaient assuré la conquête du dernier mot et le gain de la journée. Cette tactique ne lui valut jamais un succès plus éclatant et plus funeste que celui qu'il obtint à la fin de la séance néfaste du 31 mai. Interrompu, dans une verbeuse et monotone déclamation par Vergniaud, qui lui cria : *Concluez donc!* il écrasa le grand orateur sous ces foudroyantes paroles : « Oui, je vais conclure, et contre vous ! contre vous, qui après la révolution du 10 août, avez voulu conduire à l'échafaud ceux qui l'ont faite! contre vous, qui n'avez cessé de provoquer la destruction de Paris ! contre vous, qui avez voulu sauver le tyran ! contre vous, qui avez conspiré avec Dumouriez ! contre vous, qui avez poursuivi avec acharnement les mêmes patriotes dont Dumouriez demandait la tête! contre vous, dont les vengeances criminelles ont provoqué ces mêmes cris d'indignation dont vous voulez faire un crime à ceux qui sont vos victimes ! Eh bien ! ma conclusion, c'est le décret d'accusation contre les complices de Dumouriez et ceux qui sont désignés par les pétitionnaires ! » — En cette journée, Cicéron fut vaincu par Catilina ; Vergniaud se tut, et il ne reprit la parole que devant le tribunal révolutionnaire.

On ne saurait le méconnaître : le talent de Robespierre avait remarquablement grandi au milieu de ces luttes. Ses nombreux rapports, au nom du Comité, sur toutes les questions d'intérêt général, indépendamment de cette hauteur et de cet ensemble de vues qui n'appartiennent qu'à l'homme d'état, offrent souvent ces précieuses qualités de style qui caractérisent l'orateur. Parmi ces documents historiques, qui sont aussi des monuments littéraires, nous citerons les rapports du 27 brumaire an II, *sur la situation politique de la République ;* du 5 nivôse, *sur les principes du gouvernement révolutionnaire ;* du 18 pluviôse, *sur les principes de morale politique qui doivent guider la Convention dans l'administration de la République ;* et enfin du 18 floréal, *sur les rapports des idées religieuses et morales avec les principes républicains et sur les fêtes nationales.* OEuvre très étendue, et prolégomènes du fameux décret par lequel la Convention déclara, au nom du peuple français, qu'elle reconnaissait « l'existence de l'Être suprême et l'immortalité de l'âme, » ce dernier rapport surtout obtint un succès d'enthousiasme , où l'amour-propre de Robespierre ne trouva pas moins son compte, que son ambition révolutionnaire. L'adulation inventa de nouvelles formules pour louer dignement l'ouvrage et l'auteur. Des lettres nombreuses trouvées parmi les papiers de celui-ci , attestent ce concours d'hommages, tribut du fanatisme ou de la peur. Qu'on juge à quel point dut en être enivré l'orgueil de l'homme chez qui l'on disait qu'*il ne fallait plus qu'un seul homme d'esprit en France !*

Alors, plus qu'à aucune autre époque,

Robespierre dut croire qu'il touchait enfin au but de tous ses vœux ; alors aussi, la France put se flatter de voir un régime plus doux succéder au régime de fer qui l'accablait depuis deux ans ; et ce changement de système, cette résurrection sociale, elle ne l'attendait que de Robespierre. Beaucoup de considérations semblaient justifier cette espérance, et l'on ne doute plus guère aujourd'hui qu'elle n'eût un fondement réel dans les dispositions de celui sur qui elle reposait. En effet, si, dans le grand ensemble du système révolutionnaire, Robespierre avait paru atteindre au dernier degré d'exagération ; si, le 5 nivôse an II, on l'avait entendu s'écrier : « Le gouvernement révolutionnaire doit aux bons citoyens toute la protection nationale ; il ne doit aux ennemis du peuple que la mort ! » Loin d'étendre ce vœu de proscription à des catégories tout entières, souvent il avait soutenu un principe favorable aux exceptions. Ainsi dans la séance du 3 oct. 1793, il fit écarter le décret d'accusation proposé à l'égard de 73 députés signataires d'une protestation contre les événements du 31 mai ; ainsi, le 26 frimaire, il défendit aux Jacobins les prêtres dont l'exclusion en masse de la société était demandée à grands cris ; ainsi, plus tard, on le vit, à la Convention, soustraire aux dispositions de la loi dite *des suspects* les anoblis par charges de finance, et s'opposer à la proscription des 8,000 signataires de la pétition contre les auteurs des troubles du 20 juin 1792. Malgré les efforts de ses collègues du Comité, il faisait maintenir le principe de la liberté des cultes ; enfin, s'élevant avec force contre la propagande révolutionnaire, à l'extérieur de la France, il dénonçait la perfidie *prussienne* de ces hommes qui voulaient *la république,* ou plutôt l'*incendie universel.* « Les deux extrêmes, disait-il, le 5 nivôse, à la Convention aboutissent au même point. Soit en-deçà, soit au-delà du but, le but est également manqué. »

Ces actes et ces paroles signalent assez la tendance de Robespierre vers un meilleur ordre de choses. Mais en même temps qu'il se ménageait des auxiliaires pour accomplir cette nouvelle mission , il se créait des ennemis qui devaient en contrarier le succès. Placé dans une fausse position par sa participation ancienne et toute prépondérante au système que maintenant il voulait détruire, et par les nouveaux intérêts qui le poussaient à cette destruction, ses projets pour l'avenir ne pouvaient se réaliser qu'en soulevant contre lui le poids énorme des récriminations du passé. Forcé d'en racheter les accablants souvenirs, en livrant, en expiation, le sang des plus fougueux promoteurs des excès révolutionnaires, il ne pouvait signaler en eux des coupables sans trouver aussitôt en eux des accusateurs. La solidarité du crime l'unissait d'un lien exécrable aux féroces exécuteurs des mesures acerbes prescrites par le Comité de salut public, aux ordonnateurs de ces mêmes mesures dont l'esprit et l'ensemble avaient reçu le baptême ineffaçable de son nom. Quelquefois, il avait tenté de modérer, quant aux faits, l'application des principes posés par lui-même. Mais qu'arrivait-il alors? c'est que les agents du Comité, déroutés par ces démonstrations contradictoires, les signalaient comme des anomalies inexplicables et pernicieuses dans la marche gouvernementale. Avec ces anciens complices, qu'il fallait transformer en criminels, Robespierre avait encore en tête une autre classe d'hommes plus redoutables que les premiers, parce qu'ils étaient moins odieux : c'étaient les amis de Danton, débris de son parti restés seuls debout après sa chute, et d'autant plus dangereux pour Robespierre, qu'à un profond ressentiment de la mort de leurs chefs quelques-uns unissaient un talent remarquable, et que, chez tous, l'attente de la proscription avait fait naître l'énergie de la peur. Parmi eux, on distinguait surtout Tallien, Legendre, Thuriot, Guffroy, Lecointre de Versailles, Merlin de Thionville, Barras, Fréron, Fouché, Rovère et les deux Bourdon (*voy.* la plupart de ces noms). Aux traces de chacun de ces hommes, appelés depuis *les thermidoriens*, Robespierre avait attaché des espions qui les suivaient partout et lui rendaient compte, jour par jour, de leurs moindres démarches *.

(*) *Voir*, dans le *Rapport de Courtois*, pièces

Tel était l'état des choses et la disposition des esprits, lorsqu'au mois de mai 1794, Robespierre prononça son fameux rapport sur la reconnaissance de l'Être suprême par le peuple français. Une fête solennelle, destinée à consacrer cette mémorable déclaration, fut ordonnée par décret, et la célébration en fut fixée au 20 prairial (8 juin 1794). Robespierre voulut que cette solennité fût un grand événement national ; il en fit, en quelque sorte, le sacre de son autocratie républicaine. En ce jour, où, croyant marcher vers le trône, il fit en effet un premier pas vers l'échafaud, il n'oublia rien de ce qui pouvait lui faire une place à part et l'élever au-dessus de ses égaux. Nommé pour la seconde fois, et à l'unanimité, président de la Convention, cet étrange tribun n'avait jamais consenti à souiller son costume par l'adoption des insignes révolutionnaires ; jamais le hideux bonnet rouge ne s'était posé sur sa tête poudrée à blanc. Sa mise, toujours soignée, était, le 20 prairial, d'une élégance recherchée et qui rappelait les traditions de l'ancien régime ; un ciel sans nuages, toutes les pompes du printemps ajoutaient encore à l'éclat de cette journée. Placé au haut d'une estrade adossée au palais des Tuileries, Robespierre, qui tenait à la main un bouquet d'épis et de fleurs, prononça un discours où, au nom du peuple français, il rendit hommage au Créateur de l'univers, père de la race humaine. Puis, ayant mis le feu à un groupe élevé au milieu du grand bassin circulaire du jardin, et qui représentait les figures enchaînées de l'Athéisme, de l'Ambition, de l'Égoïsme et de la Discorde, sur la ruine desquelles on vit apparaître la statue de la Sagesse, le triomphateur débita une seconde harangue qui, comme la première, fut couverte d'acclamations. Marchant ensuite à la tête de la Convention, et fort en avant de ses collègues, il se rendit, aux sons d'une musique militaire, dans l'enceinte du Champ-de-Mars, où des jeux étaient préparés.

Cette journée, où il y eut relâche pour l'échafaud, aurait laissé l'espérance au fond des cœurs, si, après des paroles vrai-

justificatives nos 50 et 51, les comptes rendus de ces agents à Robespierre.

ment éloquentes et dignes de la grandeur du sujet, Robespierre n'eût ramené l'effroi dans les âmes en terminant son second discours par ces mots trop significatifs dans une bouche comme la sienne : « Peuple, livrons-nous aujourd'hui , sous les auspices de la Divinité, aux justes transports d'une pure allégresse ! *demain, nous combattrons encore les vices et les tyrans;* nous donnerons au monde l'exemple des vertus républicaines, et ce sera l'honorer encore. » Les dispositions menaçantes que révélaient ces paroles, s'accrurent soudain des démonstrations hostiles de plusieurs députés, qui, indignés de la contenance orgueilleuse du héros de la fête, lui prodiguèrent des sarcasmes dont l'expression arriva jusqu'à son oreille. Parmi eux, Bourdon de l'Oise et Lecointre de Versailles, qui marchaient immédiatement derrière lui, se montrèrent les plus animés. On prétend même qu'en cette occasion , Fouché oublia sa prudence ordinaire.

Le 22 prairial , surlendemain de la fête de l'Être suprême, Couthon (*voy.*) parut à la tribune de la Convention nationale, et, au nom du Comité de salut public, il y donna lecture d'un projet de loi portant réorganisation du tribunal révolutionnaire. Dans ce projet ultrà-draconien, et le code le plus affreux qui soit jamais sorti de la pensée humaine, la peine de mort était écrite à chaque ligne, toute garantie était enlevée à l'innocence, et la loi tout entière se résumait dans cette disposition infernale : « La loi donne pour défenseurs aux accusés patriotes des jurés patriotes; elle n'en accorde point aux conspirateurs. » La stupeur de l'assemblée accueillit cette lugubre déclaration. Ruamps, député montagnard, rompant le premier le silence, eut le courage de s'écrier : « Si une telle loi était adoptée sans discussion , il ne resterait plus qu'à se brûler la cervelle au pied de la tribune ! » Lecointre demanda l'ajournement; mais Robespierre, jouant la surprise et l'indignation, exigea que la loi fût discutée sans désemparer; et tel était encore son ascendant sur ce tremblant sénat, qu'avant la fin de la séance, elle fut votée à une immense majorité. La nuit, cependant, porta conseil. Les dan-

tonistes remarquèrent que la disposition en vertu de laquelle la Convention en masse, les deux comités, les représentants en mission, et même l'accusateur public, pouvaient traduire qui bon leur semblerait par-devant le tribunal révolutionnaire, ne faisait point d'exception en faveur des députés; ils ne doutèrent pas dès lors qu'une pareille latitude ne dût leur enlever le privilége d'inviolabilité dont jusque-là ils n'avaient pu être dépouillés que par décret; et, à l'ouverture de la séance du 23 , Bourdon de l'Oise demanda que cette restriction fût consacrée d'une manière explicite. C'était récuser la loi dans son principe, en mettant à nu l'intention qui l'avait dictée. Mais comment, avec quelque chance de succès, avouer une intention si menaçante pour la vie de chacun de ceux qui étaient appelés à en juger? Il ne restait plus qu'à masquer par un faux-fuyant une manœuvre déconcertée, et, ce faux-fuyant, Merlin de Douai le fournit, en faisant adopter l'ordre du jour, motivé sur le droit exceptionnel attaché au caractère de représentant du peuple.

Mais Robespierre, qui perdait ainsi tout le profit d'une mesure dont il attendait la perte de ses ennemis, ne put maîtriser la fureur que fit naître en lui ce revirement d'opinion et ce premier essai de résistance à ses volontés despotiques. Le lendemain de cet échec, quelques députés ayant hasardé de timides observations sur les dispositions les plus alarmantes de la loi du 22, il éclata en menaces contre ceux qui prétendaient arrêter le cours de la justice nationale, et, se livrant aux récriminations les plus acerbes, il les traita de *calomniateurs* et d'*intrigants*, « qui voulaient diviser la Convention nationale pour se mettre à la tête d'un parti. » Bourdon ayant vivement réclamé contre cette accusation qui allait directement à son adresse, « *Je n'ai pas nommé Bourdon,* s'écria Robespierre : *malheur à qui se nomme !* » Incidemment adjoint à ce débat, Tallien est en butte aux mêmes invectives, et, contre lui, Billaud-Varennes apporte à Robespierre le secours de sa parole brutale et sanguinaire ; il dit que Tallien « appuie le crime par le mensonge ; » l'assemblée se tait, la loi du 22 prairial est ramenée à ses termes primitifs, et, du 24 de ce mois au 9 thermidor, en 45 jours, elle fait, à Paris, 1,285 victimes, tandis qu'il n'en avait péri que 577 depuis le mois de mars 1793, époque de l'établissement du tribunal révolutionnaire.

Pour rendre plus formidable et plus accélérée l'action de ce tribunal, le personnel en fut renouvelé en partie, et considérablement augmenté. Quatre vice-présidents furent adjoints à son chef, le farouche Dumas, et l'on donna 4 substituts à l'accusateur public Fouquier-Tinville (*voy.*); on porta à 12 le nombre des juges, et à 50 celui des jurés. Parmi eux, Robespierre plaça toutes ses créatures : Duplaix, menuisier, son hôte, dont le fils était son secrétaire, et, prétend-on, la fille sa maîtresse ; Nicolas, son imprimeur; son perruquier, son cordonnier, son tailleur, etc. Plusieurs de ces hommes l'accompagnaient ou le suivaient dans ses promenades; armés de gros bâtons, ils veillaient à sa sûreté, et on les appelait les *gardes du corps de Robespierre.* — Dans son mémorable rapport du 18 floréal, où il consacrait par d'éloquentes paroles le dogme de l'immortalité de l'âme, Robespierre avait dit : « Malheureux qui expirez sous les coups d'un assassin, votre dernier soupir est un appel à la justice éternelle! *L'innocence sur l'échafaud fait pâlir le tyran sur son char de triomphe. Aurait-elle cet ascendant, si la tombe égalait l'oppresseur et l'opprimé ? »* — Et l'homme qui avait parlé ainsi était l'auteur de l'infâme loi du 22 prairial, l'apologiste, le patron de l'exécrable tribunal révolutionnaire! Pour rendre le contraste encore plus frappant, l'un des membres de ce tribunal, le jeune Vilatte, ami, confident, agent intime de Robespierre, a écrit sur lui, plusieurs mois après sa chute, le passage suivant : « Robespierre lui-même, paraissant enfin ouvrir les yeux sur tant de calamités publiques, semblait de bonne foi résolu à arrêter le torrent dévastateur. L'histoire mettra en problème s'il n'en excitait pas sourdement l'action, à dessein d'avoir le suprême mérite, aux yeux de la nation, d'être le dieu libérateur qui, seul, fermerait l'abîme de la

destruction, et ramènerait les hommes aux espérances du bonheur. » (*Causes secrètes sur la révolution du 9 thermidor*). Cette explication, paradoxale en apparence, mais, selon nous, péremptoire, des motifs réels de la conduite de Robespierre, est encore confirmée par ces paroles d'un député thermidorien, de Courtois, rapporteur de la commission chargée d'inventorier les papiers trouvés chez Robespierre. « Tout étant détruit, et la confiance publique ayant préparé pour lui-même une révolution favorable, il voulait paraître tout à coup, comme le rayon vivifiant après l'orage, comme la divinité bienfaisante qui descend pour sauver le monde près de sa perte. »(*Rapport de Courtois,* etc. p. 31.)

« Le génie, avait un jour dit Robespierre, consiste moins à former des plans hardis qu'à calculer les moyens qu'on a de les exécuter. » Le sien, en effet, n'était que celui de l'intrigue en grand ; mais ce génie, qui l'avait toujours si bien servi, lui manqua au moment critique. Telle était la bizarrerie de la situation définitive où les circonstances avaient placé Robespierre que, pour réaliser son plan, qui était bien de mettre un terme aux rigueurs du système révolutionnaire, il se voyait obligé d'en exagérer momentanément l'application. Cet antagonisme entre la fin et les moyens pouvait le perdre, et le perdit en effet lorsqu'il semblait toucher au succès.

Quelques explications sont nécessaires pour l'intelligence de cette catastrophe à laquelle arrive notre récit.

Réduit à onze membres par la mort de Hérault de Séchelles (*voy.*), qui n'y avait pas été remplacé, le Comité de salut public voyait à sa tête Robespierre, Couthon et Saint-Just, directeurs suprêmes des affaires, et que l'on nommait *les gens de la haute-main.* Avec moins d'influence et des prétentions égales, venaient ensuite Billaud, Collot et Barère (*voy.* tous ces noms), plus odieux encore à l'opinion ; Jean-Bon Saint-André et Prieur de la Marne étaient toujours en mission. Quant à Carnot, Prieur de la Côte-d'Or et Robert Lindet, appelés *les gens d'examen,* ils s'occupaient exclusivement, le premier, de la direction de la guerre, les

deux autres, de l'administration inté-
rieure, et tous trois rendaient les plus
grands services ; mais comme ils étaient
appelés à délibérer sur les questions d'intérêt général, c'était de leurs voix que
dépendait la majorité entre les deux factions rivales. Une lutte insensée de Saint-
Just contre Carnot, le despotisme avec
lequel Robespierre prétendait imposer à
ses collègues sa direction personnelle,
firent enfin passer les gens d'examen du
côté du triumvirat subalterne. L'inau-
guration d'une royauté théocratique es-
sayée par Robespierre à la fête de l'Être
suprême, la découverte des jongleries
mystiques dont la maison de Catherine
Théot (*voy.* dom GERLE) était le théâtre
et dont le héros mystérieux était Robespierre, *Verbe divin de cette mère
de Dieu, oint du Seigneur, vengeur cé-
leste appelé à renverser les idoles de
pierre et de bois et à lancer la foudre
vengeresse sur les Titans orgueilleux**;
les injonctions itératives de Robespierre
aux deux comités pour obtenir le sang
des amis de Danton, injonctions plusieurs
fois repoussées; enfin les querelles qui
surgirent de toutes ces causes réunies
amenèrent, non la démission, mais la
retraite de Robespierre. A dater de la
fin de prairial, il cessa de paraître au Comité de salut public, et pendant les six
semaines qui s'écoulèrent de là jusqu'au
9 thermidor, il ne s'y montra qu'une
seule fois. Cette entrevue, dont les motifs
étaient en apparence conciliatoires, ne fit
qu'ajouter à l'aigreur des deux partis.
Le vieux Vadier, membre le plus influent
du Comité de sûreté générale, avait, pour
ainsi dire, jeté le gant à Robespierre dans
son fameux rapport sur la conspiration
dévote de Catherine Théot, prononcé le
27 prairial à la tribune de la Convention**. Amar, Voulland, Louis du Bas-
Rhin, Jagot, qui menaient le Comité de
sûreté générale, firent cause commune
avec Billaud, Collot et Barère; la veille

encore tous collègues et émules de Robespierre, au commencement de messidor, ils étaient ses implacables ennemis,
et, entre eux, il ne s'agissait plus déjà de
suprématie de pouvoir, mais d'incompa-
tibilité d'existence.

Quatre mois plus tôt, Robespierre avait
réussi à perdre l'une par l'autre, et si-
multanément, la faction d'Hébert et celle
de Danton, les *enragés* et les *indulgents*.
Aujourd'hui, la situation était bien chan-
gée. Loin de parvenir à mettre aux prises
les forcenés des deux comités, il ne tarda
pas à se convaincre qu'un danger com-
mun avait réuni contre lui ces deux partis
opposés. Ils ne constituaient pas cependant par leur nombre la majorité de la
Convention : elle appartenait à ces hommes inactifs et domptés par la peur, qui
siégeaient au centre de la salle et for-
maient ce qu'on appelait *la plaine*. Le
meilleur moyen, pour Robespierre, de
les gagner à sa cause était de prévenir
auprès d'eux les accusations de ses ennemis, de les accuser eux-mêmes de vouloir le perdre en lui attribuant de chi-
mériques projets de nouvelles proscrip-
tions. Il ne porta pas cette question irri-
tante à la tribune nationale; mais il ne
cessa, pendant plus d'un mois, de l'agiter
à celle des Jacobins, dont l'appui, comme
hommes d'exécution, lui devenait plus
que jamais nécessaire. Là, chaque soir,
il venait se poser en victime patriotique
de la calomnie acharnée, selon lui, à lui
imputer des vues ambitieuses, des projets
liberticides qu'il avait cependant en horreur. Ces démonstrations de sa part avaient
pour stimulant l'envoi quotidien de lettres anonymes, où on lui prodiguait les
noms les plus odieux, où on lui annon-
çait une mort prochaine par l'assassinat
ou sur l'échafaud. Ces menaces, ces in-
jures produisaient chez lui tantôt l'exaltation, tantôt l'abattement; il les attri-
buait à l'étranger, aux conspirateurs du
dedans, qui ne cherchaient à le perdre
que pour perdre la patrie; ces déclara-
tions, emportées ou empreintes de tris-
tesse, excitaient toujours les plus vives
sympathies, les plus bruyantes acclamations dans l'auditoire. Six semaines se
passèrent ainsi à parler quand il aurait
fallu agir. Pendant ce temps, le tribunal

(*) Expressions textuelles d'une lettre trouvée dans la paillasse du lit de Catherine Théot
et adressée à Robespierre. Comme il avait *ses
gardes-du-corps*, le tartufe tyran avait *ses dévotes;*
c'étaient pour la plupart des douairières titrées
qui l'adulaient, afin de s'en faire protéger.

(**) En réalité, ce rapport était l'ouvrage de
Barère, et Robespierre ne s'y méprit pas.

révolutionnaire fonctionnait avec une activité de jour en jour plus meurtrière, et la machine gouvernementale courait plus rapidement que jamais dans la voie où son chef ne la guidait plus. Enfin, le 5 thermidor, une lettre de Payan, agent national et l'un des principaux affidés de Robespierre, vint le tirer de son sommeil (*Rapp. de Courtois*, pièces justif., n° 56).

Décidé enfin à frapper un grand coup, Robespierre rappelle à Paris, pour le seconder, Saint-Just, qui était en mission à l'armée du Nord. Dans la soirée du 7 thermidor, Saint-Just arrive, et il est accueilli au Comité de salut public comme un ennemi. Le 8, à l'ouverture de la séance, Robespierre monte à la tribune; il y débite un long discours tissu avec art, dans lequel il dénonce un complot tendant à diviser la Convention, en alarmant sur leur sûreté personnelle un grand nombre de députés. Il se plaint ensuite de ce qu'on ose mettre sur son compte de nouveaux projets de proscription, de ce qu'on ose couvrir de son nom un système de rigueurs inutiles; il désigne, comme fauteurs de ce système, plusieurs membres des Comités de salut public et de sûreté générale, et finit par demander que ces deux comités soient soumis à une épuration; que le second, subordonné en tout au premier, ne puisse s'écarter de la direction qu'il en recevra. Cette allocution, espèce de programme de retour à un régime de modération, paraissait devoir être favorablement accueillie par la masse de l'assemblée; mais Robespierre en paralysa lui-même l'effet par un éloge intempestif du tribunal révolutionnaire, dont il avait encore besoin, et cette maladresse, qui ressemblait à une menace, glaça ses auditeurs, indignés d'ailleurs de sa persistance à vouloir faire dépendre de son sort le salut de la république. Le silence qui avait accompagné son discours en accueillit la fin : pas un applaudissement ne se fit entendre. Lecointre de Versailles en demanda pourtant l'impression, à laquelle Bourdon de l'Oise ne craignit pas de s'opposer; Barère reprit la proposition de Lecointre, Couthon y ajouta celle d'envoyer le discours aux armées, et un décret sanctionna toutes ces demandes. Mais Vadier, Cambon, Panis, Fréron, que Robespierre avait nommés ou désignés, à ne pas s'y méprendre, dans sa philippique, prirent successivement la parole pour y répondre. Cambon, flétri à l'instant par le dictateur de l'épithète de *fripon*, osa dire à son tour : « Est-ce moi qu'il faut accuser de m'être rendu maître de quelque chose? L'homme qui paralyse votre volonté, l'homme qui s'est rendu maître de tout, c'est celui qui vient de parler, c'est Robespierre! » Billaud-Varennes l'accuse à son tour d'avoir présenté, sans l'assentiment des comités, l'affreuse loi du 22 prairial; il demande le rapport des décrets qui viennent d'être surpris à l'assemblée. Elle adopte cette proposition et ordonne que le discours ne pourra être imprimé qu'après avoir reçu l'approbation des deux comités. « Quoi! s'écrie Robespierre, quand j'ai le courage de déposer des avis utiles dans le sein de la Convention, on les renvoie à l'examen de ceux que j'accuse! » Charlier lui répond : « Quand on prétend avoir le courage de la vertu, il faut avoir celui de la vérité. » Aussi indigné que surpris d'une résistance inaccoutumée, Robespierre quitte la salle. Il se rend le soir aux Jacobins, où, reçu avec enthousiasme, il obtient une espèce d'ovation, après la lecture de son discours (*voy.* T. XV, p. 214). Au milieu de ces transports, il est résolu que le lendemain verra éclater, contre les ennemis de Robespierre, une insurrection renouvelée de celle du 31 mai, et plus terrible encore.

Le lendemain, c'était le 9 thermidor! Des deux côtés, la nuit fut employée à préparer avec ardeur les moyens d'attaque et de défense. Les comités et les dantonistes firent un coup de partie en ralliant à leur cause les gens de la *plaine*, dont plusieurs fois Robespierre avait pris la défense contre eux, et qui lui auraient donné la victoire s'ils se fussent déclarés pour lui. D'après le plan des triumvirs, Saint-Just devait ouvrir la séance par la lecture d'un rapport sur la situation de la république. Présenté au nom du Comité de salut public, ce rapport n'avait été communiqué qu'à Robespierre et Couthon. A 11 heures, les députés garnissent les bancs, Collot-d'Herbois, president, est au fauteuil. Saint Just monte à la tribune : c'est le signal pour tous. Robespierre entre dans la salle et s'assied en face de l'orateur. Son frère, Couthon, Lebas, l'accompagnent et prennent place autour de lui. Saint-Just s'écrie : « Je ne suis d'aucune faction, et je les combattrai toutes. » Puis, après quelques lieux-communs oratoires, il aborde enfin son sujet par cette phrase significative : « Des membres du gouvernement ont quitté la route de la sagesse. » A ces mots, Tallien l'interrompt en disant que, la veille, Robespierre a fait un discours en son nom, et qu'aujourd'hui, Saint-Just fait la même chose. « Il faut, ajoute-t-il, que le rideau soit entièrement déchiré ! » — Oui ! oui ! s'écrie-t-on de toutes parts. Billaud s'élance à la tribune à côté de Saint-Just; il remplit d'indignation l'assemblée, en racontant ce qui s'est passé la veille aux Jacobins. « Si la Convention est faible, dit-il en terminant, elle périra !»—Non ! non ! s'écrient les députés en se levant et en agitant leurs chapeaux. «Vive la Convention! Vive le Comité de salut public! » répondent les spectateurs des tribunes. Billaud poursuit : il dénonce, comme un complice d'Hébert, Henriot (*voy.*), général de l'armée parisienne et créature de Robespierre. Il accumule contre celui-ci les accusations et montre ses complices dans Dumas et Coffinhal qui veulent décimer encore une fois la Convention. Jusque-là muet, Robespierre se lève enfin, livide de colère ; il gravit les degrés de la tribune... Un cri général part deux fois de tous les côtés de la salle : *A bas le tyran! à bas le tyran!* Tallien, à la tribune, agite un poignard au-dessus de sa tête, et dit qu'il s'en est armé pour percer le sein du nouveau Cromwell, si la Convention n'a pas le courage de le décréter d'accusation. Des applaudissements unanimes couvrent la voix de Tallien; Dumas, Henriot, et deux sicaires ses aides-de-camp, sont décrétés d'arrestation.

Robespierre continue à s'épuiser en vains efforts pour obtenir la parole. Elle est donnée à Barère qui, au nom du Comité de salut public, propose de mander à la barre le maire et l'agent national de la Commune, pour les rendre responsables sur leur tête de la tranquillité de Paris. Porté à la Commune, par un huissier de la Convention, ce décret est déchiré et foulé aux pieds par le maire Fleuriot. L'huissier Courvol est renvoyé avec menaces. Aux Tuileries, la séance devient de plus en plus orageuse : assez mal à propos, Vadier parle longuement de l'affaire de Catherine Théot; pour la troisième fois, et avec une véhémence toujours croissante, l'impatient Tallien prend la parole, s'élève contre toute demi-mesure, et récapitule de nouveau les crimes de Robespierre. Alors, deux obscurs et féroces montagnards réclament l'un l'arrestation, l'autre la mise en accusation du dictateur. Ne trouvant plus un seul appui sur la Montagne, celui-ci, au comble de la détresse, se tourne vers la Plaine : « C'est à vous, dit-il, hommes purs, hommes vertueux, que je m'adresse et non aux brigands! » On le repousse, en détournant la tête avec horreur. Pour l'empêcher de se faire entendre, Thuriot, qui a remplacé Collot-d'Herbois au fauteuil, ne cesse d'agiter avec force la sonnette. « Pour la dernière fois, lui dit Robespierre, président des assassins, je te demande la parole !... » Mais ses efforts l'ont épuisé, sa bouche écume, sa voix est presque éteinte... Garnier de l'Aube lui jette ce dernier cri : « Malheureux, le sang de Danton t'étouffe ! »

Enfin, le décret d'arrestation contre Robespierre, Couthon et Saint-Just est rendu aux cris mille fois répétés de *vive la liberté! vive la république! Les tyrans ne sont plus !...* Robespierre jeune se lève en disant : « Je suis aussi coupable que mon frère; je partage ses vertus, je dois partager son sort! » Lebas fait la même déclaration. Son nom et celui de Robespierre jeune sont ajoutés au décret. Les huissiers, cependant, n'osent encore le mettre à exécution, les proscrits n'ont pas quitté leurs siéges.— *A la barre! à la barre!* s'écrient une foule de députés... Ils y descendent enfin pour être conduits au Comité de sûreté générale. En sortant, Robespierre dit : « La république est perdue, les brigands triomphent! »—Telle fut la séance du 9 thermidor. Elle avait duré plus de six heures. La Convention fatiguée la suspend à cinq heures, pour la reprendre à sept.

Mais, pendant que ceci se passait aux Tuileries, l'insurrection s'organisait à l'Hôtel-de-Ville dans les plus effrayantes proportions. Fleuriot-Lescot et Payan y avaient convoqué tout le corps municipal, dévoué comme eux à la cause des triumvirs. Une proclamation de la Commune aux habitants de Paris les appelle aux armes. A la tête de ses aides-de-camp et d'une escouade de gendarmerie, Henriot, à moitié ivre, parcourt les quartiers les plus populeux, et crie que les tyrans qui siégent à la Convention conspirent contre la liberté en conspirant contre Robespierre. A sa voix, l'émeute grossit à chaque pas (*voy.* MERLIN de Thionville); mais deux députés, Courtois et Robin, le rencontrent et apprennent à ceux qui l'entourent le décret d'arrestation rendu contre lui; ils le font saisir et lier par ses propres gendarmes, qui le transportent en cet état au Comité de sûreté générale. Il y arrive au moment où les cinq députés allaient en sortir pour être transférés dans diverses prisons : c'est au Luxembourg que, vers 6 heures, Robespierre est conduit. Il y trouve un municipal qui le délivre, fait arrêter ses guides, et le ramène en triomphe à la mairie. Délivrés par des moyens à peu près semblables, les autres députés proscrits viennent y grossir le noyau de l'insurrection. La place de l'Hôtel se couvre rapidement d'hommes en armes et de canons; au contraire, les abords des Tuileries sont dégarnis de troupes, la salle des séances, celles où siégent les comités sont à peine gardées. C'est alors que, parti de la mairie à la tête de deux cents canonniers, Coffinhal force le lieu des séances du Comité de sûreté générale, délivre Henriot, et le replace à la tête de la force armée. Il est huit heures : la Convention rentre en séance et se voit de tous côtés entourée d'ennemis. « Citoyens, dit en se couvrant le président Collot-d'Herbois, voici le moment de mourir à notre poste. — Oui! oui! nous y mourrons tous ! » s'écrient à la fois les députés et les citoyens des tribunes. On ne saurait le nier, ce fut là un mouvement sublime ! Élevant alors son courage à la hauteur du danger, la Convention met hors la loi Henriot qui venait de faire braquer contre elle toute son artillerie. Il ordonne à ses canonniers de mettre le feu à leurs pièces : ceux-ci hésitent. En ce moment, quelques citoyens dévoués sortent des Tuileries en criant aux canonniers, au peuple rassemblé sur le Carrousel, qu'Henriot n'est plus leur commandant, qu'il vient d'être mis hors la loi. Une partie de sa troupe l'abandonne sur-le-champ et vole au secours de la Convention ; suivi des autres, il s'enfuit à l'Hôtel-de-Ville, et son arrivée y porte le trouble. Endormie un instant, la Convention se réveille en sursaut, les mesures les plus énergiques sont, coup sur coup, proposées et adoptées. Un nouveau chef est mis à la tête de la force armée, c'est le conventionnel Barras (*voy.*) ; on lui donne pour adjoints douze autres députés, parmi lesquels Fréron, Rovère, Féraud, Auguis et les deux Bourdon. D'autres, au nombre de 48, sont envoyés dans les sections de la capitale, encore indécises sur le caractère des événements de la journée, sur le parti qu'elles doivent adopter. Presque partout ces commissaires éclairent les esprits et assurent à l'assemblée le concours des habitants de Paris. La Convention fait enfin le dernier pas en mettant hors la loi les cinq députés qui trônent à l'Hôtel-de-Ville et tous les conspirateurs réunis autour d'eux.

Cependant Coffinhal ouvre dans cette assemblée l'avis de marcher droit aux Tuileries, afin d'achever la défaite de la Convention. Le triomphe de Robespierre était dans cette proposition s'il eût eu le courage de l'accepter ; mais il la rejette, comme la veille, aux Jacobins, il avait rejeté celle de Payan ; et ainsi, deux fois en 24 heures, il laisse échapper la victoire. Au reste, tout fut providentiel dans cette journée du 9 thermidor, et les hommes n'y firent presque que des fautes. Tandis qu'au lieu de frapper un grand coup, les conjurés de la Commune perdent le temps à rédiger des proclamations, à dresser de longues listes de proscription, aux Tuileries, Barras et ses adjoints, après s'être partagé les forces disponibles, défilent devant la Convention en séance, et jurent en partant de revenir vainqueurs ou de mourir! « Allez! leur dit le président Tallien, et que le jour qui va se lever éclaire le supplice des conspirateurs! » En même temps, un employé du Comité de salut public, Dulac, est chargé d'aller signifier aux conjurés de l'Hôtel-de-Ville le décret qui proscrit leurs têtes. A peine escorté de quelques hommes, il s'acquitte de cette terrible mission avec un sang-froid, un courage, une adresse au-dessus de tout éloge. Les députés et les municipaux affectent de mépriser le décret; mais les citoyens qui remplissent les salles de la mairie, dupes ou complices des rebelles, s'enfuient avec terreur, et cette terreur, ils vont la répandre parmi les troupes stationnées sur la place de Grève, où, depuis plusieurs heures, elles attendent des ordres qui n'arrivent pas. Ce mot magique de *mise hors la loi* produit l'effet de l'étincelle électrique : les uns hésitent, les autres se sauvent; les colonnes de citoyens armés parties de la Convention s'avancent vers la Commune; les canonniers qui les devancent crient à leurs camarades de se joindre à eux : quelques-uns de ceux-ci tournent déjà leurs pièces contre l'Hôtel-de-Ville. Henriot, tout-à-fait ivre, descend sur la place; il voit la défection des siens, remonte furieux, éperdu, et fait partager son épouvante à ceux qui délibèrent encore... Robespierre se tire, ou plutôt reçoit un coup de pistolet* qui lui brise la mâchoire inférieure; il tombe... Lebas se fait sauter la cervelle; le paralytique Couthon essaie en vain de se poignarder; Robespierre jeune se précipite d'un second étage sur le pavé, et, dans sa chute se casse une jambe; Coffinhal s'esquive**, mais, avant de fuir, il saisit Henriot et le jette dans un égout. Gui-

(*) Selon la version la plus probable, et quoi qu'en aient pu dire quelques biographes, ce fut le gendarme Méda qui tira, à bout portant, un coup de pistolet à Robespierre (*voir* dans la *Collection des Mémoires relatifs à la révolution française* de MM. Berville et Barrière, le *Précis historique des événements qui se sont passés dans la soirée du 9 thermidor,* par C.-A. Méda, *ancien gendarme, etc.*).— Ce brave militaire, qui contribua peut-être plus qu'aucun autre au succès de cette journée, a été tué, en 1812, à la bataille de la Moskva. Il était alors général et baron de l'empire.

(**) Coffinhal parvint à se réfugier dans l'île des Cygnes, où il resta caché pendant deux jours; découvert ensuite, il fut conduit seul au supplice, le 13 thermidor.

dé par le brave Méda, Léonard Bourdon, qui vient de débusquer sur la place à la tête de sa colonne, entre dans la grande salle de la Commune, un pistolet dans chaque main, son sabre entre les dents. Tous ceux qui se trouvent dans cette salle sont faits prisonniers. On place sur des brancards les morts, les blessés; leurs complices, sous bonne escorte, les suivent à pied, et tous sont dirigés sur les Tuileries. Pendant le trajet, l'air retentit autour d'eux des cris de *vive la liberté! à bas les tyrans!* A trois heures du matin, ils arrivent aux portes de la salle : « Représentants, dit le président, Robespierre et ses complices sont là : voulez-vous qu'on les amène devant vous? — Non! non! crie-t-on de toutes parts; au supplice les conspirateurs! »

Robespierre est transporté dans la salle des délibérations du Comité de salut public. Là, étendu sur la même table où il avait écrit tant d'arrêts de proscription, ayant pour oreiller une boîte de sapin, il passa plusieurs heures en proie aux plus vives souffrances, sans faire entendre aucun gémissement et conservant tous les dehors de la plus froide impassibilité. Un pansement très douloureux, qui avait pour but d'opérer le rapprochement des deux mâchoires divisées, ne lui arrache pas une plainte. Ses vainqueurs du jour, qui, la veille encore, étaient ses complices ou ses adulateurs, lui prodiguent l'outrage et l'invective : il y paraît insensible. On le voit cependant tressaillir quand un simple citoyen lui dit avec plus de raison : « Robespierre, il est un Être suprême! »—Dans la matinée du 10, transférés à la Conciergerie, les proscrits n'en sortent que pour paraître devant le tribunal révolutionnaire, qui les envoie à l'échafaud. Ils y montent à 6 heures du soir, au milieu des cris de joie d'une populace innombrable, qui voit dans leur supplice le gage de son salut. Les transports, les acclamations redoublent, lorsque le bourreau montre enfin la tête de Robespierre défigurée et hideuse à voir. Il fut exécuté le dernier; 21 têtes étaient tombées avant la sienne. Outre les députés, Dumas, Henriot, Fleuriot, Payan, Simon, geôlier-bourreau du Temple, périrent avec Robespierre.

BIBLIOTHÈQUE ROYALE

Le 11 et le 12 thermidor, 83 membres de la Commune, mise en masse hors la loi, montent encore à l'échafaud. Après cette grande immolation, après cette hécatombe de coupables victimes, la hache se repose enfin. Les dantonistes, que désormais on appellera les *thermidoriens,* Tallien, Bourdon, Lecointre, etc., ont accompli leur tâche. En tuant Robespierre, ils ont tué le système de la terreur ; l'impulsion une fois donnée devient irrésistible. Les membres des comités, qui avaient voulu seulement se défaire de quelques ennemis, de quelques rivaux, cherchent en vain à arrêter le mouvement : débordés de toutes parts, ils sont entraînés vers une chute plus honteuse que sanglante. Ils s'aperçoivent trop tard que, pour eux, le 9 thermidor a été la *journée des dupes.* *Mentita iniquitas est sibi.* Les choses violentes ne peuvent durer qu'un temps : le système révolutionnaire s'était perdu par ses propres excès.

Robespierre le savait bien, et c'est pour cela qu'il avait résolu d'y mettre un terme. S'il succomba, c'est que, réduit à employer pour l'abattre les mêmes moyens, les mêmes intruments dont il s'était servi afin de l'établir, eût-il même réussi le premier jour, il serait tombé le lendemain. Entre lui et un pouvoir pacifique, il y avait une mer de sang. Quels agents, en effet, d'un système de clémence que Couthon, Saint-Just, Henriot, Dumas, Payan, Coffinhal, que les Jacobins et le tribunal révolutionnaire ! Tels étaient, cependant, les soutiens de Robespierre au 9 thermidor. S'il eût vaincu avec eux, qu'en eût-il fait après la victoire ? Comment les eût-il conservés, et comment eût-il pu s'en défaire ? Parmi ceux qui contribuèrent à sa chute, plusieurs n'étaient pas moins odieux que lui, quelques-uns devaient l'être davantage. Mais le succès réel de cette journée ne doit être attribué à aucun : si elle réussit, c'est qu'elle ne fut l'ouvrage de personne, mais qu'elle fut celui de tout le monde.

Aucun homme n'a été l'objet de jugements opposés au même degré que Robespierre. Cet homme, tout-à-fait à part dans l'immense panorama de la révolution, a trouvé, de son vivant et après sa mort, des admirateurs fanatiques et des détracteurs passionnés. On en a fait un monstre, on en a fait un dieu ; les uns lui ont octroyé le génie, les autres lui ont dénié même le talent. Au premier rang de ceux-ci est La Fayette qui, dans ses *Mémoires,* parle toujours de Robespierre avec un suprême dédain, et le met bien au-dessous de Danton, de Péthion et même de Couthon et de Saint-Just. Mais outre qu'il serait déshonorant pour la France que pendant deux ans elle se fût laissé asservir et décimer par un homme médiocre, il y aurait certainement autant d'injustice à refuser le talent à Robespierre, qu'il y aurait d'iniquité ou de folie à lui accorder la vertu. Selon nous, ce fut un grand coupable et un fourbe habile, qui réussit merveilleusement à faire le mal, tant qu'il y fut forcé par son intérêt, et qui, quand ce même intérêt lui conseilla de faire quelque bien, n'eut ni la même habileté ni le même bonheur.

Nous répugnons beaucoup à croire avec les conventionnels Courtois et Dulaure, et le pseudo-historien Montgaillard * que Robespierre ait jamais été l'agent soudoyé des puissances ennemies de la France et des chefs de l'émigration. Cette assertion, dénuée de preuves, nous paraît hors de toute vraisemblance. — Outre les ouvrages déjà mentionnés, on peut consulter avec autant de fruit que d'intérêt, sur la vie politique de Robespierre, les belles pages historiques de Mme de Staël, de MM. Lacretelle, Thiers, Mignet et Tissot. On trouvera aussi une foule de notions et de détails précieux dans les *Révolutions de Paris,* par Prudhomme, et dans la *Collection* déjà citée de MM. Berville et Barrière. Montjoie** et Montgaillard ne doivent être consultés qu'avec beaucoup de défiance, mais on trouvera Robespierre vivant dans les pages du *Moniteur,* impérissables archives de l'époque colossale à laquelle la révolution française a donné son nom.

(*) *Rapport* de C., Pièces justificatives, n° 61. —*Esquisses historiques des principaux événements de la révolution française,* par Dulaure, 1826, t. III, ch. 9. — *Histoire de France,* etc., par Montgaillard, t. IX, p. 199.

(**) *Conjuration de Maximilien Robespierre,* etc.

ROBESPIERRE (Augustin-Bon-
Joseph), dit *le Jeune*, né à Arras en 1764,
frère cadet du précédent, fit, comme lui,
ses études à Paris, au collége Louis-le-
Grand. Il n'y obtint pas, à beaucoup près,
les mêmes succès que son aîné ; et lorsqu'à l'exemple de Maximilien, qu'il pre-
nait en tout pour son modèle, il vint, au
sortir des écoles, s'asseoir au barreau
d'Arras, il ne s'y distingua pas plus comme avocat, qu'il ne s'était, à Paris, dis-
tingué comme étudiant. Lancé avec ardeur dans la voie de la révolution, sur
les pas de son frère, celui-ci le fit élire,
à peine âgé de 25 ans, procureur de la
commune d'Arras, et, dans cette place, on
le vit, jusqu'au 10 août 1792, faire une
guerre à outrance aux partisans réels ou
supposés de l'ancien régime. Son entrée
sur la scène politique ne date cependant
que de l'époque où eut lieu l'élection des
députés à la Convention nationale. Rien
ne prouve mieux quelle influence illimitée exerça Robespierre aîné sur cette
circonstance, que le choix qui fut fait de
son frère, chétif avocat d'Arras, comme
député de Paris.

Lors de l'attaque de Louvet, contre
Maximilien, pour le défendre, Augustin
prit la parole ; mais il en usa si mal qu'on
ne le laissa pas achever. Il est inutile de
dire que lors du procès de Louis XVI il
se montra un des plus acharnés à le faire
périr. Il fit preuve du même emportement à l'égard des girondins (*voy.*), et,
le 31 mai, on le vit joindre ses efforts à
ceux de Legendre pour arracher de la
tribune l'héroïque Lanjuinais (*voy.* ce
nom).

La nullité parlementaire de Robespierre cadet n'empêcha pas qu'il ne fût
trouvé propre à remplir les fonctions du
proconsulat. A voir les noms de la plupart de ceux à qui elles furent alors con-
fiées, on serait tenté de croire que l'in-
capacité fut pour eux un titre essentiel.
Cependant, au mois de décembre 1793,
envoyé en mission dans le midi de la
France, Robespierre jeune fit preuve de
plus de courage qu'il n'avait montré de
talent oratoire à la tribune. Il prit part
d'une manière active aux opérations du
siége de Toulon, sur le succès desquelles
le génie naissant de Bonaparte eut une
influence si décisive. Robespierre sut ap-
précier le rare mérite du jeune officier,
devint son protecteur et le recommanda
si vivement à son frère, que celui-ci son-
gea sérieusement à appeler Bonaparte à
Paris, pour lui donner, au remplace-
ment d'Henriot, le commandement de
la force armée. La réalité de ce projet
est attestée par le prince Lucien, dans
ses *Mémoires* publiés en 1840. Il est
juste de dire ici que, dans les rigueurs
exercées à Toulon après la prise de cette
ville, Robespierre se montra moins im-
pitoyable à l'égard des vaincus, que ses
collègues Ricord, Barras et Fréron. De
retour à Paris, il se prononça fortement,
aux Jacobins, contre la faction des *enragés*. Une seconde mission lui ayant été
donnée pour le département de la Haute-
Saône, il y fit rendre la liberté à un
grand nombre de détenus, et se condui-
sit avec une modération que n'imitait
pas à beaucoup près son collègue Ber-
nard de Saintes. Envoyé ensuite comme
commissaire à l'armée d'Italie, il se distingua à la prise d'Oneille. Son frère le
fit bientôt revenir à Paris, afin d'en tirer parti dans le changement de système
qu'il préparait et dont tous deux tombèrent victimes au 9 thermidor, ainsi que
nous l'avons dit dans l'art. précédent.
On ne saurait, sans injustice, mécon-

naître ce qu'offrit de généreux le dévouement de Robespierre le jeune pour son frère ; mais en révolution, les passions sont seules écoutées, et dans le dévouement on ne voit que de la complicité.

Dans son fameux *Rapport*, Courtois a fait une confusion fortuite ou volontaire. Parmi les pièces justificatives imprimées à la suite, on trouve au n° 42 une lettre adressée le 18 messidor, par Mlle Charlotte Robespierre à son frère. Il paraît prouvé aujourd'hui que cette lettre n'était point pour Maximilien, comme le prétend Courtois, mais pour Augustin avec qui sa sœur avait eu des démêlés assez vifs. Celle-ci, qui a vécu jusqu'en 1833, a laissé la réputation la plus honorable. Quoique tendrement attachée à ses frères, leurs principes lui étaient en horreur. La lettre mentionnée, et qui est un chef-d'œuvre de style, prouve la bonté de son cœur, en même temps que la supériorité de son esprit. Mlle Robespierre ne subsistait que d'une pension de 2,000 fr. qui lui avait été accordée par Bonaparte consul. La Restauration la conserva parmi les pensionnaires de la liste civile, dépossédés en masse en 1831. Le t. IV des *Mémoires de tous* (1834) renferme des *Mémoires de Mlle Robespierre sur ses deux frères.*

www.ingramcontent.com/pod-product-compliance
Lightning Source LLC
LaVergne TN
LVHW051340200726
843510LV00002B/725